bhawnao ka backpack

(A backpack enriched with ceaseless thoughts; boundless emotions)

GARIMA SRIVASTAVA

डायमंड बुक्स

www.diamondbooks.in

प्रकाशक : डायमंड पॉकेट बुक्स (प्रा.) लि.
X-30 ओखला इंडस्ट्रियल एरिया, फेस -II
नई दिल्ली-110020
फोन : 011-40712200
ई-मेल : wecare@diamondbooks.in
वेबसाइट : www.diamondbooks.in
संस्करण : 2025
आवरण चित्र : पूनम भटनागर

---

bhawnao ka backpack
by *Garima Srivastava*

पापा आपके संस्कार धरोहर हैं इन विचारों की

जन्म लिया जब तुमने मेरे मन में अनगिन सपने थे
वे सब भी उल्लास भरे थे मेरे जितने अपने थे
नाम तुम्हारा रक्खा गरिमा आशाएं जुड़ गईं कई
जैसे बेटी नहीं मुझे तो मुंहमांगी सौग़ात मिली
मैं ख़ुश हूं तुमने मेरी आशाओं को साकार किया
तुम्हें दिया जो सहज धरोहर उससे ज़्यादा नाम किया
तुमने क़लम हाथ में थामी कविताई अपनाई हैं
एक-एक कविता में जैसे भावों की गरमाई है
तेरी कविता में नारी है, नहीं अधूरी सारी है
तुमने अपनी मनोभावना जमकर ख़ूब उतारी है
मेरी कविता की तेरी कविता पे कोई छांह नहीं
तुमने कविताओं में मेरी थामी बिल्कुल बांह नहीं
गरिमा तेरी रचना नारी ग़ौरव की पहचान बने
पहले से भी बढ़कर मेरे लिए विरल वरदान बने।

बाल साहित्य अकादेमी से पुरस्कृत
वरिष्ठ कवि गीतकार
बालस्वरूप राही

करीने से रखी कविताएं

कविता का सबसे महान उद्देश्य शायद यही है, अपने आप को अपने आस-पास की दुनिया से जोड़ना–

महान कवि ऑक्टेणियो पाज़, मुझे तब-तब याद आते हैं जब मैं किसी कविता से गुज़र रहा होता हूं। उनका कथन मेरे लिए कविता की कसौटी है। व्याख्या है, दर्शन है। उनके कहे को दूसरी तरफ से देखें तो कविता आपको अकेलेपन से बचाती है।

गरिमा श्रीवास्तव की कविताओं को पढ़ते समय पाज़ की यही कसौटी अपनी बात कहने के काम आई। भावनाओं के जिस बैकपैक में गरिमा श्रीवास्तव अपनी कविताएँ रखकर जिन्दगी के सफर में निकली हैं, उसमें उम्मीद, उड़ान, कल्पना, सपने और यथार्थ सब कुछ है। ये बैकपैक लेकर गरिमा कहीं जाना नहीं बल्कि जीना चाहती हैं। इस तरह कविता-यात्रा समानार्थी रूप में जीवन-यात्रा हो गई है।

भावनाओं के इस बैकपैक में कविताएं ठूंस कर नहीं भरी गई हैं, बल्कि करीने से तह लगाकर रखी गई हैं। लेखक होने की अर्हता और अनिवार्यता बताती एक कविता की पंक्तियां देखें–

तू दिन में सूरज सा जलकर
रातों में चांद पिरोता है
तू ख़्वाबों को सहलाता है
तू भीड़ में सपने चुनता है
हां, पता चला तू लेखक है

कविता प्रेम, अध्यात्म और ईश्वर भक्ति के संयुक्त स्वरूप में होती है, बल्कि सूफी कवियों की एक पूरी धारा जो इस मार्ग की पथिक है। रूमी, अमीर खुसरो, मीरा हो या

कबीर सब को कवि रूप में इसी धारा में गिना जाता है। गरिमा इनके प्रभाव से बच नहीं पाई हैं, या यूं भी समझिए कि वह अपने बैकपैक में कई खांचे रखती हैं, जो ज़िप की सहायता से अलग-अलग रखा मिलता है। सबका केन्द्रीय भाव और दृष्टि एक है। गरिमा अपने सृजन को यूं बताती हैं–

यहां लिखा है जो
वही बात भीतर की
ये कविता में कहानी
लगा हमपर गुज़री

प्रताप सोमवंशी
प्रबंध संपादक
हिन्दुस्तान, दिल्ली

कविकुल की 'गरिमा' का रचा
'bhawnao ka backpack'

गरिमा श्रीवास्तव यक़ीनन कविकुल की गरिमा हैं। वे एक कविकुल में जन्मी हैं। हिन्दी के प्रख्यात कवि बालस्वरूप राही और सुपरिचित कवयित्री डॉ. पुष्पा राही की सुपुत्री हैं गरिमा। कविता उनके संस्कार में है। अपने प्रयासों और अध्ययन-मनन से उन्होंने अपनी कविता को और भी निखारा-संवारा है। मेरा एक दोहा है–

संगत के अनुसार ही, भाव बदलते नाम।
ज्यों-ज्यों कोयल कूकती, मीठे होते आम।।

बचपन से ही गरिमा बेहतरीन कविताओं की संगत में रहीं, तो एक कवि होना उनकी नियति में शामिल था ही। हिन्दी ही नहीं अंग्रेजी में भी वे कविताएं लिखती हैं। इस नाते उन्होंने कविता के क्षेत्र में भाषा की सीमाओं को भी लाँघा। यह बहुत बड़ी बात है।

एक कविता है– 'कुछ रिश्ते'

ये विचारप्रधान कविता असाधारण है। इस कविता की ये पंक्तियां तो अद्भुत हैं–

" कुछ रिश्ते जो जिस्मानी नहीं
आसमानी होते हैं
जो रंगते तो नहीं होली-सा
मगर बना जाते हैं रंगरेज़"

गरिमा की 'प्यार' कविता का सूफ़ियाना-रंग सच में मोह लेता है। एक बानगी देखिए–

" जो मन करे तो चूम लूँ
नशे में थोड़ा झूम लूँ

मैं क्यूं रहूं तमीज़ में?
मैं बेशरम शऊर में
मैं संग में मैं रंग में
मैं सरसरी पतंग में
मैं पींग ले के हूँ खिला
मैं बावरे सुरूर में ... "

संग्रह में गरिमा की अंग्रेज़ी कविताएं भी उत्कृष्ट श्रेणी की हैं। उनका rich content प्रभावित करता है। Endless Pursuit कविता इसका उत्तम उदाहरण है। इसका एक कवितांश देखिए –

"In a boundless bottomless sea
We sail to search for shore.
No harness to tether
Misery couldn't be more.
Sea is just an illusion
Indeed it is our life.
Engulfed in dubious pleasures
Where nothing is for sure. "

इस संग्रह में एक कविता शायराना मिज़ाज की भी है– 'जिसे हम याद करते हैं'... इसका आस्वाद ग़ज़ब का है–

"तेरी इक आरज़ू से ही
रगों में इक रवानी है
तेरे दीदार की शिद्दत तले
रातें बितानी हैं
तेरी दीवार के परली तरफ़

तूफ़ान सिमटा है
ये लांघेगा तेरी हद को
परिंदे फड़फड़ाते हैं"

तो हाज़िर है गरिमा की 'bhawnao ka backpack', जिसमें खट्टी-मीठी और सच्ची बातों का Rucksack है, शब्दों का मेला है, हल्का-फुल्का Swag है...

दरअसल, ये नये समय की कविताएं हैं। नये मुहावरे, नयी भाषा और नये मिज़ाज की कविताएं हैं। हमें गरिमा की इन कविताओं का खुले मन से स्वागत करना चाहिए।

नरेश शांडिल्य
प्रतिष्ठित कवि, दोहाकार,
शायर, नुक्कड़ नाट्य कर्मी,
समीक्षक और संपादक

bhawnao ka backpack

'bhawnao ka backpack', नाम कुछ अटपटा तो है मगर चटपटा भी, कुछ खट्टा-मीठा! हां 'भावनाओं का बस्ता' भी नाम हो सकता था इस पुस्तक का, मगर हिंदी और अंग्रेज़ी दोनों ही भाषाओं में अभिव्यक्ति कर लेती हूं तो नाम में भी मेलजोल होना आवश्यक था, इसलिए बस्ता बना backpack!

पेशे से अध्यापिका रही हूं। कई साल IELTS Exams में निरीक्षण किया और फ़िर ज़िंदगी ले चली United States जहां तीन साल लाइब्रेरी में हाथ बंटाया। विदेश को स्वदेश बनाया और परिचित कराया पश्चिमी संस्कृति में खोए लोगों को अपनी जड़ों से, लेकर अपनी क़लम की शहनाई।

मेरा बचपन शायरी और कविता से घिरा रहा। श्री बालस्वरूप राही, सर्वश्रेष्ठ, सुप्रसिद्ध हिंदी कवि साहित्यकार की बिटिया होने का सौभाग्य प्राप्त है मुझे। गीत, कविता, ग़ज़लों ने तो सींचा है संजोया है, तो लिखना तो नस-नस में था।

बस अपने लेखन को zip लगाकर रखा और जो भी लिखती थी वो भर देती थी अपने backpack में, जो हमसफर की तरह साथ निभाता था मेरा, मेरी भावनाओं का!

कभी नहीं सोचा था कि इन भावनाओं की खिड़कियां खुलेंगी और मिलना चाहेंगी उनसे जिनसे ये बनीं हैं।

बस लिखती रहती थी जो दिखता रहता था और संभाले रखता था ये बस्ता मेरी उलझी सुलझी बातों को। दुनिया में इस पोटली को खोलकर अपनी पहचान बनाने से हिचकती थी मैं, पर बीच-बीच में backpack से बाहर आने का प्रयास, सांस लेने का हक़ मांगती रहीं ये भावनाएं।

झंझोड़ कर कहती थीं...
दफ्न कर दिया अपना परिचय
क्यों उसको फिर ढूंढ रही हो

दबी पड़ी है जो चिंगारी
उससे आंखें मूंद रही हो?

ससुराल में तो खिल्ली ही उड़ती थी मेरी, कि गरिमा तुम हमेशा दस साल पीछे क्यों चलती हो? मैं हंसकर कहती थी की दस साल और जीना है, इसलिए! कहती रही..

ज़िंदगी बेवफा ये माना मगर
जी ले इसे
जी भर जी भर जी भर...

हंसी मज़ाक एक तरफ, असल में मेरी ससुराल ने मुझे कभी अपने मायके की कमी महसूस नहीं होने दी। सदा ही प्रोत्साहित किया अपने अनकहे शब्दों को कहने का, खुलकर और डटकर।

स्वस्ति और समग्र, मेरे नन्हे मुन्ने कहते रहे, मम्मी हमें तो बड़ा कर दिया, अब अपनी कविताओं के लिए बड़ा कब करोगी?

मैं कहती...

जिया है जिंदगी को और सीए हैं सपने भी
और सपनों पर झुर्रियां होती हैं क्या?
तो भर रही हूं पन्ने
सपने और ज़िंदगी से
सदा के लिए...

Avid Readers Club हिस्सा बना रहा इस राह का,जहां अनेकानेक हिंदी और अंग्रेज़ी की किताबों का विमोचन करते-करते प्रेरित होती गई निखरती गई मेरी लेखनी भी।

कुछ पक्की सहेलियों के भरोसे ने तो इस मद्धम चिंगारी को ज्वालामुखी का रूप दे डाला और मिटा दिया सभी शंकाओं को। याद कराया, ‘Passion is for Purpose’.

मेरी माँ डॉक्टर पुष्पा राही, जो जानकी देवी कॉलेज में हिंदी की प्राध्यापिका रहीं और एकाधिक हिंदी कविताओं की पुस्तकों की रचियता, मुझे सिखाती रहीं,

जो जो जब जब होता है
सो सो तब तब होता है।

इस कथन के अनुसार मैंने भी समय दिया हर कार्य को उसके निर्धारित समय पर पूर्ण होने का। थोड़ा विलंब हुआ पर किसी भी आरम्भ में विलंब आता ही है।

कामना करती हूं और दृढ़ विश्वास भी है कि मेरी भावनाएं, जो एक लंबे समय के पश्चात backpack से निकलकर झांक रही हैं, वह आप के मन में जगह बनाएं और आखिरी पृष्ट तक पहुंचते-पहुंचते अभीभूत हों आप सहसा कह उठें...

ये कविता में कहानी
लगा हम पर गुज़री
भावनाएं सभी की हैं बात घर-घर की
इसे पढ़कर लगा
मेरा ही तो दिल लिखा है
इसमें दिखते हैं जो जज़्बात
वो सबका क़िस्सा है
मैं सोचता था कहूं
जो उतारा काग़ज़ पे
यहां लिखा है जो
वही तो बात भीतर की
ये कविता में कहानी
लगा हमपर गुज़री

मज़े की बात ये है कि हर कविता अपना परिचय ख़ुद देगी। जिस भावना से वो उत्पन्न हुई, वो आपको कविता से पहले पढ़ने को मिलेगी।

इस पुस्तक में आप मेरे backpack में जमा कविताएं तो पढ़ेंगे ही, मगर उससे पहले backpack की भी डिमांड है कि उसकी कहानी भी सुनाई जाए, जो मेरी वजह से उसपर बीती, बिचारा प्यारा backpack!

ये है मेरी भावनाओं का backpack
खट्टी-मीठी सच्ची बातों का Rucksack
शब्दों के मेले और कुछ हल्का फुल्का Swag
ये है मेरी भावनाओं का backpack

इसको टटोलो तो मिलते हैं सपने
थोड़ा झंझोड़ो तो लगते हैं जगने
रखी है pocket में छोटी सी Diary
Grand book बनने की करती तैयारी

anecdotes, stories किताबें भी रखी हैं
सीखा है उनसे और कुछ मैंने लिखी हैं
प्यार में डूबे कुछ faces भी रहते हैं
जिन से भी मिल आई वो मुझसे कहते हैं
अपनी क़लम से लिख सबकी कहानी
कविता में भरदे तू जीवन की वाणी

चढ़ आया backpack पर्वत समंदर
टहला है कूदा है जैसे की बंदर
बस हो या रिक्शा ये बैठा सभी में
दुख सुनकर रोया सुख में कलंदर

kickstart coffee या चाय के ठेले
सहता ही जाता है मेरे झमेले
दुनिया की नज़रों में सस्ता सा बस्ता
पर जब भी झुकती ये कांधे को कसता

झोला ये पक्का होगा ना shatter
backpack के भीतर हैं
दिल के सब matters

तो ये है मेरी भावनाओं का backpack
खट्टी-मीठी सच्ची बातों का Rucksack
शब्दों के मेले और कुछ हल्का-फुल्का swag
ये है मेरी भावनाओं का backpack!

Garima Srivastava

अनुक्रमणिका

लेखक

Being a writer holds profound meaning for me. It's my meditation, a tether to my roots, and my ikigai. Believe it or not, the garden of creativity and imagination is where the wise men of the world long to rest, laying down the burdens of their day. As writers, we strive to sing their dreams, weave their stories, and ignite their hope.

एक लेखक की तस्वीर हमारे मस्तिष्क में किताबों से भरा थैला लटकाए, आड़े-टेढ़े सूती कुर्ते में, दर बदर भटक कर कहानियां ढूंढने वाले जैसी ही रहती है।

धन, ऐश्वर्य, शानो शौकत उसके नसीब में कहां?

फिर भी बड़े से बड़ा धनवान, बुद्धिमान भी क्यों चला आता है अपनी आशाओं का स्वेटर लिए लेखक से बुनवाने?

लेखक

हां पता चला तू लेखक है
जैसा है वैसा दिखता है
पर ना दिख जैसा दिखना है
नकली दुनिया में बिकता है
हां पता चला तू लेखक है

तू पेंसिल का काजल घिसकर
कागज़ को रोज़ सजाता है
पर जिस स्याही से नोट छपे
जीना तो उसको आता है
हां महफिल में सब कहते हैं
की अर्ज़ करो कुछ तो ऐसा
जो सच्चा हो और अच्छा हो
ना लालच हो ना हो पैसा

पर बड़ी-बड़ी ये बातें भी
छोटी पड़ जाती हैं घटकर
ना भूख मिटे ना प्यास बुझे
इन शब्दों की सीढ़ी चढ़कर
हां पता चला तू लेखक है

एक बात बता कि कैसे तू
जो मैं सोचूं वो तू कहता
मैंने भी तो कहना चाहा
जो मेरे मन में है रहता

तेरी अभिव्यक्ति को पढ़कर
कुछ बोझ मेरा भी हल्का है
और बढ़ जाते हैं क़दम मेरे
जो छूट गया वो कल का है
क्यूं पाकर तेरी रचना को
मैं ख़ुद से ही मिल जाता हूं
जब जोश मेरा बेहोश हुआ
तो होश यहां पर पाता हूं
हां पता चला तू लेखक है

तू टूटी दुनिया बुनता है
जब थककर आता है जीवन
तू उसकी गाथा सुनता है
तू दिन में सूरज सा जलकर
रातों में चांद पिरोता है
तू ख़्वाबों को सहलाता है
तू भीड़ में सपने चुनता है
हां पता चला तू लेखक है

कृष्णा

At a one-way intersection, I stood waiting to cross, a cappuccino in one hand, my focus fixed on the traffic ahead.

As I stepped forward, whack! A motorcycle came out of nowhere, crashing into me.

I stumbled, sprawled, and found myself in a daze of shock and chaos.

The red signal had no patience; it turned green, and the cars revved up, ready to surge forward, threatening to mow me down.

In that watershed moment, a blazing ring of fire encircled me-a shield of divine protection. Like a Marvel hero, I rose, unscathed, with not a single drop of coffee spilled.

Cappuccino and I were intact, saved by the Sudarshan Chakra of my savior, Shree Krishna, who froze the furious traffic and granted me life.

Jai Shree Krishna

कृष्ण तपस्या और जाप दिन रात तो नहीं कर रही थी मैं, और ना ही मगन था मन बस उसी में, फिर क्यूं उन दिनों कृष्ण भक्त मित्र बनते जा रहे थे, संगीत बांसुरी बजाने लग गया था, यहां वहां मोर पंख पा जाती थी और सफेद मक्खन के बिना खाना रूखा था।

नहीं भान था मुझे कि ऐसे ही किसी सामान्य दिन, कॉफी का कप लिए जा गिरूंगी सड़क पर जीवन गंवाने। गाड़ियों का कारवां निकल पड़ेगा मुझे कुचलने।

मैं अचंभित, निढाल सरक भी ना पाऊंगी।

अब समझ आया क्यूं समा रहे थे कृष्ण हर दम हर क्षण। बचाना था मुझे अपने सुदर्शन चक्र रूपी अग्नि के घेरे में, जिसके तेज से सुन्न पड़ गई गाड़ियों की रफ्तार, थम गए यमराज के पांव।

आकस्मिक ही गूंजा मन में...

जय श्री कृष्णा!

कृष्णा

मथुरा की इक काल कोठरी में
जन्मा विष्णु तारा
गरजा था आकाश गर्व से
नतमस्तक थी जल धारा

लालायित गोकुल का आंगन
यशुदा आंचल बलिहारा
दूध बिलोए बैठी गय्या
माखन छलका गलियारा
चंचल नटखट कृष्ण कन्हैया
साना मुंह, ले चटखारा

मुख में जो ब्रह्माण्ड लिए था
लीला अपरम्पार लिए था
कंस बकासुर दुष्ट पूतना
असुरों का संहार किए था
विष पीकर सारा का सारा
जल थल वायु वेग पसारा
सूरज पिघला धरती झूमी
मुरलीधर का रंग निहारा
सखी संगिनी मित्र राधिका
मीरा के स्वामित्व सहारा
जय जय गोविंद गोपाला

द्वापर युग दस्तूर अजब था
कान्हा का दायित्व गजब था
उसका जीवन धर्म समर्पित

काल चक्रव्यू कर्म सजग था
महायुद्ध इतिहास रचियता
ने दुर्जन शापित ललकारा
शौर्य वीर की सच्ची सेना
झूठों का अहं उतारा
जय श्री कृष्णा जयकारा

लज्जित थी निर्वस्त्र द्रौपदी
द्वेष वासना त्रस्त द्रौपदी
थी पुकारती कृष्णा कृष्णा
शतरंजो से ध्वस्त द्रौपदी
प्रकट हुए तुम लाज लपेटे
नारी का सम्मान समेटे
तुमको ना अपमान गंवारा
चक्र उंगलियों पर था थिरका
रणभूमि का था हुंकारा

वाहक थे तुम अर्जुन रथ के
नाविक थे तुम कर्म युद्ध के
तुम सुविज्ञ थे तुम नीतिज्ञ थे
माया तुम, तुम सिद्ध थे

अब शर शैया भीष्म पितामह
द्रोण कराहते अश्वत्थामा
कुंडल कवच हीन कर्ण थे
दुर्योधन का रक्त रुका ना
दुशासन भय काँप रहा था
दुविधा में कुरुक्षेत्र पड़ा था
खेल ईश का भांप रहा था

धर्म विजय का था अब नारा
बागडोर थी हाथ मुरारी
तब सत जीता तब हठ हारा

गीता का अनुवाद कृष्ण में
यथारूप संवाद कृष्ण में
वो व्यापक है, वो आगोचर
पा लो उसको उसका होकर
उसने नित संसार संवारा
लिखना है गर आगत जीवन
अंकित हो वो कर्मों द्वारा
सम्मोहन तेरा रग रग में
अंधकार में तू उजियारा
राख बनू तेरे चरणों की
किसना तुमपर तन मन वारा

जय श्री कृष्णा जपूं दुबारा
जय श्री कृष्णा जपूं दुबारा

The Bench

A therapist friend once told me that we can never share a hundred percent of ourselves with anyone, some truths remain locked inside.

Indeed, the Almighty knows it all, and we seek forgiveness for our missteps.

But isn't it easier to confide in things that do not live-or perhaps, live only for us?

A diary, a doll, a robot, a teddy, or even a simple bench becomes the keeper of our secrets.

माना जाता है कि ऐसा कोई इंसान नहीं जिसको आपका सौ प्रतिशत पता हो। जिसके आगे आप अपनी आत्मा उतार कर रख दें। कुछ ना कुछ तो होता ही है जो सिर्फ आपका अपना होता है, नहीं बताया जाता या नहीं बता सकते।

हां सर्वांतर्यामी परमेश्वर हैं जिनसे मनुष्य प्रतिदिन क्षमा याचना करता है और डरता है तो पूजा भी करता है।

मगर कोई ऐसी चीज़ जो सिर्फ आपको सुने और छोटी से छोटी बात जाने तो होनी ही चाहिए।

अब चाहे वो गुड़िया हो या गुड्डा, या कोई अकेला बैठा हुआ बेंच!

The Bench

Upon a hill was a lush green park
where sits a solitary bench
while people perch on other seats
This bench had seen no men
He wondered who had sculpted him
and parked him at the top
when life was happening everywhere
Here no one came to stop.
He missed the crowd and craved for noise
colorful kids and peddling bikes
He yearned to see them hop
but no one trekked to see ahead
So sad he cried and mopped

But then one day
She lost her way
and wandered far beyond
Up and up she strode above
absent in her thoughts
The lonely bench then pinched himself
He just could not believe
This wandering girl is so forlorn
He gasped , he sighed, then screamed
There's no fresh paint
I'm washed in rain

Sit on me! Oh Please!
The bench could sense that something dense
is bothering that lost girl
encumbered by the weight of thoughts
She ached to rest and drop
Hey! I am strong and you belong in my shielded embrace
break off the knots
Just sit and sob
plunge on me and plop

Sometimes in life
by chance we find
something
that cannot speak
and they are there to share repair
our shattered, broken, weak
and till today the hill tells us
the story of that bench
whose best friend was a wandering girl
Her name was etched on him

प्यार

They questioned 'Love,' demanding it to prove its identity.

What is it, in the name of God, that makes love so vital, so indispensable, that it surpasses even family?

In this poem, 'Love' takes the stage, ready to unveil its true essence and make its declaration to the world.

किसी ने प्यार से पूछा कि भाई, तुम खून के रिश्ते में तो हो नहीं, माँ-बाप, भाई-बहन, तो मैं तुम्हें क्यूं मानूं?

प्यार हंसा और बोला, हां भाई, मैं खून के रिश्ते में तो नहीं मगर तेरे एहसास में हूं और अगर मैं आ गया तो जाऊंगा नहीं। मैं तेरे जीने में, तेरे होने में हो जाऊंगा, ठहर जाऊंगा!

आदमी बोला, बात कुछ समझ नहीं आई?

प्यार मुस्कुराया और बोला, तो सुन मेरी पहचान...

प्यार

लहू में तेरे हूं ना हूं
मैं हूं तेरे वजूद में
मैं हूं यहां मैं हूं वहां
मैं पास में मैं दूर में
लहू में तेरे हूं ना हूं
मैं हूं तेरे वजूद में

मैं बन गया तेरा यकीं
मैं आसमां मैं हूं ज़मीं
मैं ना झुकूं मैं ना रुकूं
मैं हूं तेरे गुरूर में
लहू में तेरे हूं ना हूं
मैं हूं तेरे वजूद में

जो मन करे तो चूम लूं
नशे में थोड़ा झूम लूं
मैं क्यूं रहूं तमीज़ में?
मैं बेशरम शऊर में
मैं संग में मैं रंग में,
मैं सरसरी पतंग में
मैं पींग ले के हूं खिला
मैं बावरे सुरूर में

मैं हूं तेरी किताब सा
मैं मनचले मिज़ाज सा

मेरी कलम में तू चले
मैं हूं तेरे फितूर में
मैं व्याप्त हूं मैं लुप्त हूं
मैं हंस रहा मैं क्षुब्ध हूं
मैं बेड़ियों में कस रहा
मैं हूं तेरे कुसूर में
मैं हूं तेरे विचार में
मैं सज रहा सिंगार में
तू मेरी माला जप रही
मैं मांग के सिंदूर में
लहू में तेरे हूं ना हूं
मैं हूं तेरे वजूद में!

मैं हर जनम का वास्ता
चलूं मैं तेरा रास्ता
मैं तुझमें खुद सा दिख रहा
मैं हर कदम के नूर में
मैं गोद में हूं पल रहा
मैं आज हूं मैं कल रहा
मैं कल मिलूंगा फिर वहीं
मैं हर पहर में ढल रहा
मैं हूं तेरे ज़रूर में
लहू में तेरे हूं ना हूं
मैं हूं तेरे वजूद में
मैं हूं तेरे वजूद में

बन सका ना मैं यकीं

There's a quote in the Bhagavad Gita that says, "It is better to live your own destiny imperfectly than to live an imitation of someone else's life with perfection." We all want to win the game of life, don't we? We crave a sizeable amount of validation from the world. But why can't we cherish our failures and embrace our shortcomings? After all, to err is human!

हर मनुष्य जीवन में जीतने की प्रतिज्ञा ही क्यों करके आता है? माना की हारना आसान नहीं, मगर कौन जीता कौन हारा, इसकी परिभाषा दुनिया के हाथ में क्यूं? हमारी ज़िंदगी को दूसरे जीते हैं, और हमने ही तो उनको ये अधिकार दिया है। ख़ुद को जीना सीखो, ख़ुद को आंकना सीखो, तब याद ही नहीं रहेगा की हारे कब?

बन सका ना मैं यकीं

बन सका ना मैं यकीं
पर बन गया इनकार मैं
जल गया फिर भी रहा
झुलसे हुए दीदार में
सोचा था देखूं मैं उनके मन की
रोशन खिड़कियां
पर भरोसा रह गया
जमकर कहीं दीवार में

अब रहूं मैं वहम में क्यूं
कि मुझमें निश्चल प्यार है?
ओस जैसा पत्तियों पर
तितलियों का हार है
जब ज़माने ही ने ठुकराकरके
बेघर कर दिया
तब रहा मैं रोष में
आक्रोश में दुत्कार में

हाथ खाली ही मिले थे
जब हृदय ने श्रम किया
क्यूं प्रलय को जीतने का
हर जनम ने भ्रम किया
ऊंघते विश्वास जब
थक गए करके जतन
मन ही मन फिर कर रहा क्यूं

आंख मूंदे मैं हवन?
क्या कहीं कुछ पा सकूंगा
मैं रहा विश्वास में

हूं मगन अब प्रार्थना में
ईश की अराधना में
और समर्पित कर रहा हूं
क्रोध पीड़ा यातना ये
आज कुछ ऐसा जला है
जिसमें जन्नत दिखती
उंगलियां करती नमन तो
मन्नते हैं सींचती

क्या हुआ जो हारा है
संसार के व्यवहार से
क्या हुआ जो मिट गया
इक नाम इस संसार से
बस जला कर जा कहीं तू
इक दिया संसार में
जीत सबने ही मनाई
अब मनेगी हार ये
अरे इंसा है तो हारेगा
सौ बार ये सौ बार ये

बन सका ना मैं यकीं
पर बन गया इंकार में

Soft Gentle Kind

God created Eve as Adam's partner - to share love, to be his wife, to nurture a family, and to care for the world. A woman, a natural nurturer, was meant to embody softness, gentleness and kindness.

Her cultivated mind, sweetness, intelligence, and modesty are the true ornaments she wears.

Yet, too often, her kindness is mistaken for weakness, and her true worth is underestimated.

In this poem, let's delve into the profound essence of what it truly means to be soft, gentle, and kind.

ईश्वर ने स्त्री का निर्माण इस सृष्टि की संपूर्णता के लिए किया है। कोमल स्वभाव, उदार व्यवहार स्त्री का नैसर्गिक गुण है। धैर्य, सहनशीलता, प्रेम और ममता नारी की अद्वितीय शक्ति है जिससे वो हर परिस्थिति में निडर है।

रचा है उसको पालनहार ने संसार के पालन पोषण के लिए तो लिए बैठी है वो करुणा का सागर, चुनौतियों से भरे संसार में...

Soft Gentle Kind

I am a woman, and I am meant to be
Soft, Gentle, Kind
I nurture I preserve beyond time
Yes I am meant to be
Soft, Gentle, Kind

Soft but not bent
Soft as I mend
masked sarcasm
plastic feelings
childish whims
poignant healings
I softly hush my freedom
and flood my mind with reasons and
seal my leaking cracked fault lines

I am a woman, and I am meant to be
Soft, Gentle, Kind

Gentle as a breeze on an airless day
Gentle as a bird singing songs of praise
Gentle to the loud
Gentle to the meek
Gentle to the iron will

Gentle to the weak
Gently I rhyme

I am a woman, and I am meant to be
Soft, Gentle, Kind

Kind and rational
affable, generous
Kind to the toxic
brutal venomous
I help them reboot
self-repair
broken figments
hollow despair
I mend myself many times

I am a woman, and I am meant to be
Soft, Gentle, Kind

शक्ति

Attending the prayer meeting of a young woman who tragically lost her husband was deeply despairing.

While his body may have turned to ashes, her life dissolved into an endless haze of smoke and uncertainty.

Now, she must construct an unyielding, artificial universe for her family and herself- a relentless effort to keep going.

Her only dependable force is her own '**शक्ति**', her inner strength.

And only she holds the power to ignite it, to rise anew.

आखिर क्यों समय ने समाप्त कर दिया उसकी संपूर्णता को, जो हर किसी के हिस्से में होती है। ऐसा दुर्भाग्य?

क्यों छीना गया उसका ही सुहाग?

अभी तो दायित्व निभाने थे, कुछ साल का साथ ही तो बीता था।

अब कैसे निभायेगी जीवन अपने ही साथ वो, कैसे चलाएगी परिवार इस अधूरेपन के साथ?

हां समझौता है मगर समझना होगा उसको अपनी 'शक्ति' को, साहस को, जो चलाएगा उसके हिम्मत के पहिए....

शक्ति

जो गुज़र गया वो समय ही था
जो गुज़र रहा वो समय ही है
जो मिटा गया वो समय ही था
जो बनाएगा वो समय ही है

तू ना रोक अब अश्रु झड़ी
तू बहा ही ले जो न थम सका
तेरी बाज़ुओं पे ही भार है
जो निभा गया तो ये ग़म गया

फिर चलेगा तेरे हिसाब से
ये छुपेगा तेरे जवाब में
तू ना आह दे ना उदास हो
ये समय है तेरी किताब में

हां पलट रहा तुझे हर समय
और लिख रहा हर दिन तेरा
ये तो तुझपे है तू अमर बने
ये तो ज़िंदगी को है गिन रहा

ये हर किसी को ना मिल सका
हर सांस को ये ना सिल सका
तुझे मिल गया तो तू काम कर
क्षण क्षण चले ना आराम कर

दुख तो सभी के हैं वास्ते
है निडर जो बुनता रास्ते
तेरे हाथ में है ये फैसला
तेरे माथे पर चला हौसला

तू ना फिक्र कर तेरे साथ वो
मुरली धनुर अग्नी अस्त्र वो
वो समय नहीं महाकाल है
वो जनम मरण से विशाल है

तू सजा ले उसके प्रताप को
भीतर दबे अज्ञात को
तू है अंबिका दुर्गसाधिनी
तेरे संग दमकी दामिनी
ये समय तो सबका आएगा
तू ना शोक कर ना विलाप कर

जो गुज़र गया वो समय ही था
जो गुज़र रहा वो समय ही है
जो मिटा गया वो समय ही था
जो बनाएगा वो समय ही है

शब्द

कबीर कह गए, "ऐसी वाणी बोलिए, मन का आप खोए
औरन को शीतल करे, आपुहं शीतल होए।"

हमारे जीवन की बागडोर शब्दों ने संभाली है। जो हम अपने लिए नहीं सुन सकते वह दूसरों को क्यों परोसें? उतावले आवेशपूर्ण शब्दों ने तो इतिहास तक पलट डाला!

'अंधे का बेटा अंधा', कहकर द्रोपदी ने दुर्योधन का अनजाने में अपमान किया, जिसका बदला दुर्योधन ने निर्लजता से लिया।

परशुराम क्रोध में उत्तेजित हो उठे थे जब लक्ष्मण ने शिवधनुर के खंडित होने पर व्यंग्य कसा!

राजा ध्रुपद का द्रोणाचार्य को मात्र एक ब्राह्मण कहकर दुत्कारना नहीं सुहाया था गुरु द्रोण को।

बदल गया इतिहास कुछ शब्दों से तो शब्दों से बनाया गया वर्तमान और भविष्य भी तो हमारे ही हाथ में है...

शब्द

शब्द की गठरी समेटे
चल पड़े संसार में
कुछ नरम फूलों के जैसे
कुछ गरम अंगार से
कस के बांधा था इन्हें
ये जा गिरे बाज़ार में
लड़खड़ाकर जब उठे
तो ले रहे आकार ये

सींच रखा था जतन से
गूंथ रखा था यतन से
अब खुले तो बोलते हैं
ये यहां व्यवहार में

शब्द क्या ये घोषणा है
जीव की आलोचना है
ये असीमित भावना है
मुक्त अपरंपार ये

ये भरोसा है किसी का
तुम परोसो ध्यान से
हां घुलें मिश्री के जैसे
ना रहें अभिमान में
ये बसाते हैं घरौंदे

मन वचन शृंगार से
सरहदों पर जा तने तो
भिड़ रहे तलवार से

द्रौपदी के शब्द निष्ठुर
रच गए इतिहास को
धर्म की परचम संभाले
जूझते उत्पात को

शब्द लक्ष्मण के बने थे
क्रोध परशुराम का
टूटना शिव के धनुर का
अप्रतिम अपमान था
पर संभाला था रघू ने
शब्दों के आभार से
फिर बंधे थे राम सीता
सुचरित आचार से

वेग भाषा में रहेगा
तुम इसे विराम दो
जिव्हा के अल्हड़ लड़कपन
को ज़रा आराम दो
इस कहानी के सफ़र में
तुम अनूठे पात्र हो
शब्द इंसा को मिले हैं
तुम ही तो एकमात्र हो

तो समेटो फिर ये गठरी
जिसकी गाठें खुल गईं

और लपेटो उग्र वाणी
बेवजह जो पल गई

सूत्रधारी हो धारा के
तुम यहां आधार हो
गा रहे अपनी ही गाथा
क्यों भला लाचार हो
जो कहोगे वो बनोगे
खुद के पालनहार हो
तुम रचियता तुम हो वक्ता
शब्द का संस्कार हो

शब्द की गठरी समेटे
चल पड़े संसार में

Words

Wise men say, "Hurtful words pierce the heart and burden the soul."

Cruel words may be forgiven, but they are seldom forgotten. They leave lasting scars on our memories and invisible wounds on our spirits.

So, choose your words carefully, for spoken words hold immense power.

Words

Words are magical and whimsical
for those who drift apart
when spoken soft a tender verse
can heal a bleeding heart

failing health recuperates
with the balm of words
broken weakened rejuvenates
with the calm in words

feel your words so they can love
wrap them on your soul
hoity-toity mindless lash
thrust a piercing hole

brazen brash rebellious harsh
is not what we desire
tranquil gentle mindful warm
can mend compulsive liar

meditate gravitate navigate levitate
on the broom of words
murmur whisper fluster agitate
in the boom of words

its your choice make it wise
words are all you do
You win it all or you can lose
you fix it you askew

castigate validate scowl at wrong
but sing in dancing rain
mutter utter splutter flutter
blabber out in pain

words build us and we build them
infinite eternal
so say your words as words in books
They make us immortal

कुछ रिश्ते

Time flows endlessly, weaving through the past, present, and future. Yet, hidden within its fabric are imperceptible cracks– quantum realms untouched by time. Here lie relationships that defy definition, existing in dreams, in the subconscious, or perhaps even in reality.

This poem delves into those ethereal connections– let's explore them together.

भूतकाल, वर्तमान काल, भविष्य ही समय के निर्धारित काल नहीं, परंतु इनके आरपार एक अनिश्चित विस्तार है जहां मनुष्य की दौड़ भाग विश्राम करती है।

आती है सपनों में, संवेदना में, तो कभी इर्द-गिर्द मंडराती है!

इस बेनाम रिश्ते का आश्वासन और एहसास बांधे रखता है जीवन के निश्चित और अनिश्चित काल को जहां गिरते संभलते राह मिल ही जाती है!

कुछ ऐसे हैं ये रिश्ते...

कुछ रिश्ते

कुछ रिश्ते
जो जिस्मानी नहीं आसमानी होते हैं
जो रंगते तो नहीं होली सा
मगर बना जाते हैं रंगरेज़

कुछ रिश्ते
जो छूते नहीं मगर महसूस होते हैं
इस कदर की
बिजली बादल बरखा बूंदे
बनकर भिगो जाते हैं
कस लेते हैं हवा की बाहों में

कुछ रिश्ते
जो साथ नहीं सोते सिरहाने पर
पर होते हैं ऐसे मानो बिस्तर में नहीं
सरहाते हैं चंदा के पालने में

कुछ रिश्ते
दमकते तो नहीं माथे पर लगी बिंदिया से
मगर चमकते हैं दिए से आंखों में
जो लिखे होते हैं समय से परे
उनको नहीं मिलते महीनों साल सदियां
पर हर पल दस्तक उन्हीं की होती है

कुछ रिश्ते
जिनके पास नहीं होते रीति-रिवाज़
मगर होते हैं हौसले और विश्वास
होते हैं यहीं कहीं आस-पास

कुछ रिश्ते
जो होते हैं खुद में साए में परछाईं में

खुशी में तो दुनिया शामिल है ए दोस्त
रिश्ते ये रिश्ते निभाते हैं तन्हाई में

आँखें

A woman sitting in the metro caught my attention. In her forty years of life, age seemed to have no claim on her; she remained so youthful, almost girlish.

A soft pink blush adorned her cheeks, bold arched eyebrows framed her face, short curly hair danced around her, and her perfect pout radiated childlike glee.

She painted an artistic sketch in my mind– except for one striking detail: her eyes.

Blank and lonely, they told a story her vibrant exterior couldn't conceal.

And the eyes, they never lie…

महिलाओं के डिब्बे में मिलती मेट्रो की भीड़भाड़ मुझे परेशान नहीं करती, क्योंकि मुझे बेहद पसंद है उनके चेहरे पढ़ना।

उस दिन मुझे आकर्षित किया एक महिला के चेहरे ने, जो लगा कि उम्र के साथ ढला नहीं था।

गालों में गुलाबी रंग, घुंघराले बाल, हल्की मुस्कान, पर कमी थी उसकी आँखों में! चंदा की चांदनी के टुकड़े चमकते थे कहीं-कहीं, मगर दिन उजागर करने का सूरज नहीं था उनमें।

उनको देखते-देखते बन गई ये कविता...

आँखें

झांक के देखो उन आँखों में
शब्द अनकहे कहती जातीं
हंसती मुस्काती हैं जिस पल
उस पल झर-झर बहती जातीं

क्या इनमें कुछ राज़ छुपे हैं
बींध हृदय को शूल घुपे हैं?
मौसम की बारिश संभालकर
नैनों में बस नीर झरे हैं?

तूफानों से लड़ी हुई हैं
डूब डूब कर खड़ी हुई हैं
विपदा सबकी सर लेने को
सधकर डटकर अड़ी हुई हैं

झेल रही हैं ताने बाने
खोज रही हैं क्या वो जानें
ख़्वाब सभी के पूरे करदें
चली तिलस्मी छड़ी चलाने

सिमट रही हैं भीड़ भाड़ में
दुनिया की झूठी बघार में
लिपट रहे हैं छल के पर्दे
निपट रही हैं दुराचार से

क्या वो कुछ आराम करेंगी
या दिनभर ही काम करेंगी?
आपद सबकी सर ले लेकर
अपने को बदनाम करेंगी?

अरे बूझ ना पाओगी चेहरों में
नज़र सुनाओगी बहरों में?
स्वेत रंग का सत्य बहा तो
आग लगा दोगी लहरों में!

लौट चलो अब आ जाओ घर
देख लिया ना जीकर मरकर
बोझिल पलकें नींद बरसती
सिरहाने में सपने बुनकर

नींद लगी तब भोर उगेगी
उजले दिन से डोर बंधेगी
तेरी आँखों में मशाल है
तुमको कैसे रात ठगेगी?
तेरा आंचल अंतरिक्ष है
तू तो अपरंपार सहेगी

झांक के देखो उन आँखों में
शब्द अनकहे कहती जातीं

The Champa Tree

The roots of the Champa tree ran deep beneath the ground, nurtured long before my house ever stood. Strangers seeking my address were guided to the home marked by the Champa tree's proud presence.

But nature, in its unpredictability, had other plans.

One fateful day, an earth-shattering quake shook the tree, forcing its gnarled roots to burst through the pristine concrete courtyard. The glorious floor, offended by this intrusion, cried, "Erase the tree! I am no forest!"

Before the tree could whisper a word, a brigade of demolishers descended, reducing it to a mere log of wood, stripped of meaning or life.

As they carried it away, it didn't hurt. It had become lifeless, hollow– just timber for someone else's doors and windows. But for me, its absence lingers like the loss of a limb.

The marble floor still gleams, yet the sparkle I cherished is gone, forever etched as my deepest regret.

गगनचुंबी चंपा का वृक्ष जिसकी गहरी जड़ें मेरे घर के आंगन में समाई थीं। मेरा घर चंपा के पेड़ वाले घर के नाम से जाना जाता था। सर्दी-गर्मी, धूप-बरसात मेरे साथ निभाता था और लपेटे रहता था अपने पत्तों की चादर से इस घर को।

मगर पेड़ों की भी किस्मत होती है, कोई सालों साल टिके रहते हैं और कुछ बदनसीब उग जाते हैं इंसानों की हड़पी हुई ज़मीन पर।

चंपा का पेड़ सह नहीं पाया आकस्मिक भूकंप और कांप कर बाहर आ गई उसकी जड़ें जो दबी थीं कुछ ग़ज़ नीचे।

खुरदुरी टेढ़ी-मेढ़ी जड़े जब मेरे चमचमाते संगमरमर के फर्श से उभरीं तो चीख पड़ी उसकी सुंदरता। "गिराओ या दबाओ इन्हें।"

काटा गया बरसों पुराना चंपा का पेड़ , घसीटा गया उसके पार्थिव शरीर को। चमचमाता है ये आंगन आज भी मगर ये चमक नकली है, जो असली थी वो लगी होगी कहीं किसी के खिड़की दरवाज़ों पर!

ना महक है ना चहक!

आज समझ आया घर हरियाली से बनता है, ना की ईंट पत्थर की मरम्मत से...

The Champa Tree

I regret the loss of Champa
The Thriving Frangipani
which stood tall
Her head held high with a
sparkling green crown
her ancient roots soaked in my concrete ground
her arms steady sound
enveloping the uncouth floors of my house
sheltering it from the cindering sun unbound
rippling, fluttering butterflies
Champa's aroma all around

And then one day the earth shattered
rattled her primitive rusted log
The resting old roots erupted
out of the heart of silken smooth ground
So ugly!
the vain designers announced
It must be mowed down
smashed and cut
The expanse of greenery dragged
There was no sound

The glory of the glass floor is shallow
beneath the solid layers
There is a hollow
where still a seed is found
seed of my Champa Tree
And now the hollow is in me
The loss is profound

जिसे हम याद करते हैं

This poem is churned out of the dilemma of a one–sided, unquenched love.

The steadfast heart is hopeful and not afraid of unconditional commitment. The lover knows that his love might not be reciprocated and can plunge him in remorse, but he is unperturbed.

Throes of passion may burn him, but what is love without flames?

He won't quit...

कहीं सुना था की पूरा होकर खत्म हुआ जो, वो आधा रहकर ज़िंदा है!

इसी भाव के साथ उत्पन्न हुई एक ऐसे प्रेमी की व्यथा जिसका प्यार एक तरफा है मगर विश्वास असीमित। प्यार से सराबोर खुशनुमा आशिक जिसे पक्षियों की चहचहाहट में, हवाओं के मधुर संगीत में, नीले अम्बर की चादर पर सिले सितारों में बस अपनी प्रेमिका का प्रतिबिंब नज़र आता है।

चाहे उसकी प्रेमिका को आज उसके प्यार का अनुमान नहीं, मगर सच्चा प्रेम यह सोचकर तो नहीं होता कि उसे मंज़िल मिले।

इंतजार करना उसका हक़ है...

जिसे हम याद करते हैं

जिसे हम याद करते हैं
उसे ना याद आते हैं
जो करते हैं जफ़ा हमसे
वफ़ा उनसे निभाते हैं

ये फितरत है मुहब्बत की
मकाँ इसका ही गिरता है
जहां पुख़्ता ज़मीं ना हो
वहीं पर घर बसाते हैं

नशेमन है ये आलम है
के हम हर रोज़ मिटते हैं
जहां पर ख़ाक भी ना हो
वहां पर दिल जलाते हैं ?

हां गुज़रोगे कभी तो तुम
की हम मंज़िल सजा बैठे
की उस साहिल की राहों में
गुलों को हम बिछाते हैं

तेरी इक आरज़ू से ही
रगों में इक रवानी है
तेरे दीदार की शिद्दत तले
रातें बिताते हैं

तेरी दीवार के परली तरफ़
तूफान सिमटा है
ये लांघेगा तेरी हद को
परिंदे फड़फड़ाते हैं

मैं बेघर इक मुसाफिर हूं
बसेरा कारवां मेरा
हमें मजनू सा मत मारो
ये ठोकर रोज़ खाते हैं

जिसे हम याद करते हैं
उसे ना याद आते हैं

यूं लगा ले तू गले

When you long to surrender entirely to the arms of your lover, when your very essence finds its meaning in his tender, unyielding embrace, so close that even a whisper of air is forbidden entry, that embrace becomes your armor, a sanctuary of boundless joy where you yearn to remain, forever entwined.

माना जाता है कि इंसान अगर टूट फूट जाए तो उसका बिखरना एक स्नेह भरा आलिंगन ही समेटता है।

जहां शब्द लुप्त हो जाएं, जहां हवा रुख मोड़ ले, जहां जीवन व्यतीत करने का निश्चय हो, जहां तन सुरक्षा कवच में हो और मन झूम रहा हो और स्वत: ही बोल पड़े,

यूं लगा ले तू गले...

यूं लगा ले तू गले

यूं लगा ले तू गले
ना लफ़्ज़ हो ना बात हो
ये हवा भी क्यों रहे जब
बीच में जज़्बात हो
कस गया आगोश में
मैं होश में मदहोश हूं
जम गया मैं थम गया
ना दिन ढले ना रात हो

जुड़ गया कच्चा भरोसा
प्रेम की सच्चाई में
बेझिझक मैं जा गिरा हूं
बाहों की गहराई में
घेरकर मुझको खड़े हो
के ना अब आघात हो
हां सुरक्षा के कवच में कस गया
एहसास हो
इस नमी से इस ज़मी पर
टूटकर बरसात हो
यूं लगा ले तू गले
ना लफ़्ज़ हों ना बात हो

प्यार ना हो दरमियां तब
तन को छूना पाप है
नींव जब हो वासना तब

घोर पश्चाताप है
हर कदम में हो वचन
मन में अडिग विश्वास हो
उंगलियों में उंगलियों का
जनमभर साथ हो
प्रेम पावन तब जलेगा
जिस हृदय में ताप हो

जिस्म के रिश्ते बने हैं तब
रूहानी जब लगे
लैला मजनू हीर रांझा की
रवानी में रंगे
स्नेह सच्चा है वही जो कि
अपनेआप हो
गीत होठों पे है सजता
जिसमें कुछ आलाप हो

वक्त तो है बेवफा
सरसरा रुकता नहीं
तुम वफ़ा के पल संभालो
कारवां टिकता नहीं
झूम लो लम्हें में जैसे
झूमती बारात हो
ये घड़ी महसूस कर लो

सांस लो आभास हो
इस यकीं को कैद कर लो
कल ये गुज़रा ख्वाब हो

यूं लगा ले तू गले
ना लफ्ज़ हों ना बात हो

SEA

When it comes to saving the environment, oceans are the priority we want to preserve, and oceans are the first we pollute! Immersed in the sea, the tranquil marine life is bewildered and restless due to our nonplussed attitude.

Carbon emissions, oil spills, noise pollution, plastics, and overfishing are destroying marine habitat.

Ironically, we want to spend our lives in luxury and comfort, but feel free to threaten their home?

For the sake of our present and future, we must pledge to be solicitous and conscious towards the aquatic world.

पृथ्वी का सत्तर प्रतिशत भाग पानी है। जल ही जीवन है और मनुष्य अपने ही जीवन की अवधी को घटा रहा है, अपना ही जल दूषित कर। समंदर के अंदर का शांत जीवन आज व्याकुल है प्रदूषण के कारण।

औद्योगिक कचरा, रसायन, विषैले पदार्थ आदि से मर रहा है जल जीवन। संभालना होगा परिस्थितियों को, नहीं तो भुगतना पड़ेगा भविष्य को हमारा अक्षम्य अपराध।

SEA

He blinks his eyes and yearns to see
shapeless thoughts unseen
Then pain revives on the ocean's floor
and takes a silent leap
firey tides can't reach this quiet
nor the gentle waves
They fail to cure the leak inside
where animals come to weep
Let them breathe
Let them breathe

fish are crying, urchins dying
mourn the bereaved
Let them breathe
Let them breathe

cans of trash litter and waste
chemical garbage heaps
We cruise and float in noisy boats
and hear not sea World shrieks
grieving coral reefs
Let them breathe
Let them breathe

We swim dolphins for children's play
Crabs and sharks are caged
humans rampage aqua wealth

waters squeezed to creeks
Let them breathe
Let them breathe

Skies infinite core is deep
Blue calm floors must rest and sleep
winds can dance, waters seep
fish can swim, tortoise fleet
First
Let them breathe
Let them breathe

समंदर

मूझे ना रोक सकेंगे ये आसमां के सिरे
मैं किले रेत के लहरों में ढहा आया हूं
हूं समंदर ये ना पूछो मुझपे क्या बीती है
मैं मछलियों के आसुओं को बहा आया हूं

वो जो इंसा है जो कहता है कि जल ही जीवन
उनकी नदियों का हाले दिल मैं बयां करता हूं
वो प्रदूषण से भरी रोती मेरे सीने में
उनकी दलदल उनकी हलचल से नहा आया हूं

तूने पुल रेल से खींचें हैं कि मैं बंध जाऊं?
इन जहाज़ों के कारवां के तले नप जाऊं?
मेरे ग़ुरूर को ठोकर ना कभी पहुंचाना
वर्ना तूफ़ान है काबू में कहां आया हूं?

ये तो चंदा की गुज़ारिश से मैं डूबूँ उभरूं
उसकी शीशे सी चमक मन में बसा लाया हूं
मैं सागर मुझे हक है मैं कहीं भी फैलूं
मैं जहां था मैं वहां ना मैं यहां आया हूं
तेरे ईंटों के शहर को में गला आया हूं

मुझे ना रोक सकेंगे ये आसमां के सिरे
मैं किले रेत के लहरों में बहा आया हूं

कि उस दिन वो नहीं आई

Despite the irregular hours when he returned from the office, she waited for him. Sometimes he missed her calls, sometimes messages were unreachable, but she lingered to have dinner together.

Tonight, it was she who was missing!

It was late. Her phone was switched off; her friends and colleagues didn't have an inkling. The sun was moving to the other side of the world, and the waiting seemed perpetual.

Where was she?

His heart was pounding!

उसकी दिनचर्या का हिस्सा था नियमित इंतज़ार।

कभी फोन नहीं मिलता था तो कभी मैसेज पर जवाब नहीं आता था पर प्रतिदिन प्रतीक्षा करती थी कि जब वो आयेंगे तभी बेचैनी जाएगी और एक लंबे दिन का होगा विराम।

आज वो नहीं आई!

उसका फोन ऐसा बंद हुआ जैसे दिल की धड़कन। कभी नहीं किया था इंतज़ार उसका जैसे वो नियमबद्ध करती थी। सूरज निकल गया था दुनिया की दूसरी ओर, चांद मिचमिचा रहा था तारों की चादर ओढ़े, मगर वो आई क्या?

कि उस दिन वो नहीं आई

कि उस दिन वो नहीं आई
हृदय में कंपकंपी यूं थी
कि लंबी सांस तो ली थी
मगर क्यूं सांस ना आई
कि उस दिन वो नहीं आई

अनिश्चित सी घड़ी थी वो
असीमित सी गली थी वो
की मानो हर जगह वो है
मगर वो ही कहीं ना हो!
कदम की चाप जो सुन ली
पलट ताका थी परछाईं
कि उस दिन वो नहीं आई

खंडर वीरान जीवन में
खुला उन्माद तुम ही हो
तपिश जैसी ख़लिश जैसी
अधूरी प्यास तुम ही हो
कल ही आगोश में मेरे
प्रफुल्लित सी तू मुस्काई
कि उस दिन वो नहीं आई

ज़मी पैरों तले फिसली
लो अंबर भी गया सोने
तमस की गोद में चंदा

चला अब चांदनी खोने
शिथिल सा मैं ही बैठा हूं
की अब आई की अब आई
कि उस दिन वो नहीं आई

अचेतन सा गिरा जब मैं
मरण जैसा मरा जब मैं
मनोबल के हुए टुकड़े
आशंका से घिरा जब मैं
कि मद्धम सी ध्वनि में
कोयलें मुस्का के कुछ गायीं
आकस्मिक वो चली आई

हां वो आई हां वो आई
कटी घनघोर तन्हाई
घटा घिर-घिर के लहराई
हां वो आई हां वो आई

माँ

As humans, we are blessed with the ability to express gratitude to the one who nurtures us in her womb for nine months and cares for us endlessly thereafter.

This poem is a heartfelt tribute to our mothers– the ultimate nurturers whose love is unconditional, selfless, and infinite.

It is rightly said, if you wish to see God on earth, look no further than your mother.

सौभाग्य है कि हमें मनुष्य का जीवन मिला कि हमारे पास शब्द तो हैं अपनी माँ की प्रशंसा के लिए!

यूं तो किसी भी वर्णमाला से नहीं गड़ सकते हम जननी के अपरंपार स्नेह को परंतु भेंट है कुछ गिने चुने अक्षरों से असीमित आभार ....

माँ

माँ मैं तेरी परछाईं हूं
तुमसे ये जीवन पाई हूं
रंग रूप तुमसा ही पाकर
तेरी काया कहलाई हूं

गिरती पड़ती रहती थी जब
तेरी उंगली थामी थी तब
धीरे-धीरे चलना सीखा
फिर भी तेरा आंचल दीखा
दौड़ पकड़ने चली उसे तब
आँख लग गई ना जाने कब?

पलक झपकते बड़ी हो गई
अपने पैरों खड़ी हो गई
मेरी भी बिटिया है माँ अब
नानी-नानी कहते हैं सब
इठलाती है बलखाती है
सौ सौ नखरे दिखलाती है
टेढ़े-मेढ़े सपने बुनकर
मुझको दिनभर टहलाती है

वो तेरी गोदी की नर्मी
अब ये मुझसे मांग रही है
लहराते मेरे आंचल से
देखो कैसे झांक रही है

तू मुझमें है मैं उनमें हूं
चलती रहती यही कहानी
हमने जो संसार उगाया
अटल अमिट सी यही निशानी
अटल अमिट सी यही निशानी!
मां मैं तेरी परछाईं हूं

Wait For Me

Duty calls, and a military officer, bound by an unbreakable oath to his country, departs for war, leaving his newlywed wife with a solemn promise to return soon.

Time, the silent thief, carries away the days with no sign of the warrior, but hope lingers steadfast.

Then, on an auspicious day, a poem arrives for the young bride.

Can her heart endure the wait any longer?

हाथों में गहरे रंग की मेंहदी सजी थी, माथे पर सुर्ख लाल सिंदूर, कानों में चांद बालियां और पैरों पर तीखा रंगीन आलता लिऐ नव वधू ने जीवन के दूसरे चरण में पांव रखा ही था कि पड़ोसी देश के साथ युद्ध के नगाड़े बज उठे।

देश के प्रति कर्तव्य बद्ध सेना अधिकारी के साथ लिए थे उसने सात फेरे!

अभी तो गठबंधन की नींव ही रखी थी कि अनिश्चित इंतजार की घड़ी आ गई।

करनी होगी तपस्या, त्यागना होगा अपना अधिकार, सौंपना होगा अपना वर धरती माँ की सेवा में।

उसके पास है मात्र एक आश्वासन, उस चिट्ठी में जिसमें अंकित है उसके साथी की विरह और प्रेम की गाथा, जिसमें अनुरोध है प्रतीक्षा का।

तो बैठी है वो प्रतीक्षा में...

Wait For Me

Wait for me, and I will come
though it may cause you pain
Wait when sorrow seems to churn
lifeless, hollow rain

Wait in frozen numbness chill
Wait when stifling hot
wait where no-one else waits so ruggedly on the path

Wait for me, and I will come
hear not those who monger
Love is a white lie, fidgeting trust
Day on day, you wonder

Wait for me, and I will come
to rescue you unscathed
In my mind, your memories swell
gleaming golden match

How you feel is my own grief
I burn amidst the fire
I'm made for war, my destiny
How can I desire?

For you, I risk scorching sand
For you, I'll brave the borders
for you I'll wait
for me you'll crave
but we will be together

Wait for me, and I will come
to beam you in my glow
wait when no one else waits so
Keep me reap me slow
Wait for me...

टिम टिम तारे

I don't know if people will recognize me as a poet during my lifetime, but if they remember me as one after I'm gone, that would truly mean something. I may not be sure about earthly recognition, but I am certain of the celestial bond I feel with the universe. It's as though a cherished place among the stars has already been reserved for me, their light calling out, waiting for my arrival...

Aare, aare.

मैं अक्सर अपने बच्चों को कहती थी कि मेरा काम मेरे तारा बनने के बाद टिमटिमाना। मेरे लिए जीवन की उपलब्धियों से ज़्यादा बहुमूल्य है मेरी ज़िंदगी का याद रह जाना!

मेरी अभिलाषाएं तारों के साथ सुरक्षित हैं, जो रोज़ बुलाते हैं और समझाते हैं कि दुनिया में तो मिलेगी मात्र चमक-दमक मगर हमारे पास जो चमक बनाते हैं वो भीतर से आती है...

टिम टिम तारे

आसमान के टिम टिम तारे
रोज़ बुलाते आरे आरे
तू जचता ना इस पृथ्वी पर
तू तो जलता बीच हमारे

यहां तुझे आधार मिलेगा
बिन मांगे अधिकार मिलेगा
सोने का दिल पिघलेगा तब
जहां उसे आकार मिलेगा

इस धरती पर हैं वीराने
झूठे वादे तीखे ताने
तेरा मन गंगाजल पावन
तेरी माटी गांव पुराने

क्यों जलता है जले हुओं में
क्यों खुलता है कसे हुओं में
कलम तेरी जो बोल रही है
व्यर्थ नहीं तू यहां गवां रे
आसमान के टिम टिम तारे
रोज़ बुलाते आरे आरे

ओ बौड़म तू ना साधारण
फिरता क्यों फिर आनन फानन
चीख रहा है बंद गले से
कुछ तो होगा तेरा कारण?

ना ग़ालिब ना है कबीर तू
लिखता फिर क्यों हर पल हर क्षण
दुनिया के दस्तूर अलग हैं
सत्य कहा तो हरदम हारे
आसमान के टिम टिम तारे
रोज़ बुलाते आरे आरे

ना होगा तब मान मिलेगा
तेरा लिखा ज्ञान मिलेगा
तब तक तू शतरंज का मोहरा
तेरे बस में चाल कहां रे
आसमान के टिम टिम तारे
रोज़ बुलाते आरे आरे

थाम लो मुझको

At some point in our lives, we slip into solitude, an impenetrable cocoon where no one can reach us. Falsehood and deceit pierce our hearts as we rebel.

Now, it is on us to never give up on hope.

जमा कर देते हैं हम कई बार अपने को रेशम के कोश में, क्यूंकि हमारी उम्मीदों के पर कट जाते हैं तीखे मांजे से। प्यार बरसाने पर भी मिलता है कितनी बार रूखा सूखा व्यवहार और छल कपट। मगर अच्छाई को हमेशा बुराई ही मिले, ये तय नहीं!

तो उड़ लेते हैं फिर से कुछ लोग जिनके विश्वास को बांधना असंभव है।

थाम लो मुझको

थाम लो मुझको कहीं मैं डूबकर उभरूं नहीं
घुल ना जाऊं सागरों में जैसे घुलती है नदी
रेत सी फिसलूं ना तेरे हाथ में आई अभी
और धुलूं ना बारिशों में बेवजह ही बस यूंही

जीतना है गर मुझे तो जीत ले मेरा ये ग़म
फूंक दे जीवन अमर सा कम ज़रा सी हो जलन
गल रहा विश्वास मेरा और दबा उल्लास है
जम गया नस-नस में जैसे इक उभरता सा ज़ख़्म
ठग रही पहचान मेरी दे रही मुझको पुकार
इस मुखौटों के शहर में मिल रही नीयत बीमार
दोस्त की मासूमियत को भी लगा देते उधार

रूह को छूना किसी की क्यूं नहीं चलता यहां
सीधापन सच्चा भरोसा हाथ है मलता यहां
मिल तो लेते हैं गले पर मन से मन मिलता कहां
वो जगह कुछ और होगी प्यार है पलता जहां

इस धरा पर बेड़ियां हैं कस गए इंसा सभी
उड़ सकेंगे जब मिलेगी आसमानों से ज़मी
ए मेरे मन कर जतन रह ना जाए कुछ कमी
फड़फड़ा इतना कि छू भी पाए ना कोई

थाम लो मुझको कहीं मैं उड़ के फिर
लौटूं नहीं
बादलों की धुन लिऐ मैं आ ना पाऊं फिर कभी
थाम लो मुझको

Melancholy Sky

Humans aren't the only ones who experience mood swings. Today, the sky is sad! It refuses to speak, draped in silence.

Colorless, birdless, cloudless. The sky's emptiness leaves the world below bewildered, pleading for a sign of mercy from its indifference.

Come back to us, good ol' sky! Let your warmth and vibrance return.

आसमान चुप है!

नहीं बोलेगा अब वो पक्षियों से, बारिश से भरे बादलों से। सुस्त पड़े रहेंगे रुई के ढेले, बिना सफ़र बिना मंजिल के। सूरज अब नहीं खेल पाएगा उसके सात रंगों से और नहीं बनाएगा अब वो रंगो की परतों वाला इंद्रधनुष।

मान जाओ आकाश, आज धरती मनाएगी तुम्हें।

ना रूठो!

Melancholy Sky

A long road runs amidst the clouds
eclipsed by melancholy sky
placid air in despair
groans a hapless cry

Where is the gallant zest in you?
Where is the break free dance?
Where is the road of silver lines?
grey, green, orange, glance

birdless branches on the tree
jeer the morning sky
Flowers wait to rise and shine
lush green meadows dry

Cotton balls are still and fused
do not swirl and trickle
big-foot elephants, long-hood phantoms
Clouds don't float and wriggle

We look up to the infinite sky
You are our moon and Mars
You are a canvas of our thoughts
horizons, galaxies, stars

So wake up from your nasty nap to paint rainbows again
lazy dreams rush to soar
airborne in your lap
All are waiting for the drumroll
Come back, Sky come back

परी

Aren't the fairy godmothers of fantasy worlds akin to the nannies and grannies of our real lives? Their vibrant tales weave magic into the pages of our youth, leaving memories that glow with a timeless, incandescent charm.

Life's relentless ebbs and flows, coupled with the stark weight of reality, may threaten to wilt us beneath their burdens.

Yet, the child within us must rise, bursting forth in mischief, laughter, and the blissful simplicity of bygone days.

And so, we must choose to live it, fully and unapologetically.

परियों के देश में तो सपने रहते हैं।

असल दुनिया में उन सपनों को बुनकर पहना देती हैं नानी और दादी!

उनकी कहानियों के साथ बड़ा होता है हमारा संसार जो हमें स्वयं निभाना है। उतार चढ़ाव, डूबना उभरना लगा ही रहता है जीवन की नांव में, पर जो बार-बार तैरकर अपने बचपन से मिल आता है उसका उत्साह डगमगाता नहीं क्योंकि वहां बैठी होती हैं 'नानी' जो खिलखिलाकर कहती हैं बढ़ते चलो....

परी

उस नदिया के पार परी थी
नानी अक्सर कहती थीं
पेटी में उसके था बचपन
सबके ख़्वाब संजोती थीं

बचपन के किस्से ये सारे
बैठे रहते झील किनारे
नन्हें मुन्ने चांद सितारे
कुछ उड़ जाते कुछ गिर जाते
लम्बे सपने पांव पसारे

शैतानों की टोली थे हम
रंग बिरंगी होली थे हम
पर परियों के देश नहाकर
जब भी गीले आते थे
शोर शराबा हल्ला गुल्ला
जुगनू संग नहाते थे

चलते फिरते बड़े हो गए
अपने पैरों खड़े हो गए
नानी मां अब ढूंढ रही हैं
सुलझे थे नकचढ़े हो गए

ढेरों तो अब काम पड़े हैं
छोटे बच्चे आज बड़े हैं
राजा रानी रही कहानी
विधि रीत और नियम कड़े हैं

भर भर है पर चैन नहीं है
सपने बुनते नैन नहीं हैं
धुलकर रोज़ बदल जाते हैं
शहज़ादे बेचैन नहीं हैं

नानी फिर से ले जाओ ना
पार नदी उस देश परी के
नानी फिर से दोहराओ ना
क्षण-क्षण, पल-पल खुशखबरी के

फिर करना है उल्टा-पुल्टा
तारक मेहता का चश्मा
cinderella के रथ पर चढ़कर
Sleeping beauty जैसे जगना

जो नानी हैं वही परी थीं
अंतर्मन में वही भरी थीं
सिरहाने जादू कर जातीं
जादूगर की दबी छड़ी थीं

नानी कहतीं खर्च हुआ है
तेरा बचपन गया नहीं है
साधारणता और सुंदरता
तेरे अंदर बंद पड़ी है
खोल उसे और जी ले बचपन
जीवन की अनमोल कड़ी है

उस नदिया के पार परी थी
नानी अक्सर कहती थीं

चांद नहीं उस दिन सोया

The moon has long been a silent witness to countless weddings, listening to the eternal promises of newlyweds. Like a guardian angel, it watches over couples, preserving their cherished moments and the festive joy that surrounds them. Symbolic of youth, rejuvenation, and bliss, the moon holds a special place in the hearts of lovers.

For this newlywed bride, the moon has become her confidante and companion, the one to whom she entrusts the unfolding story of her life.

शादी के मंडप पर सजी धजी नई नवेली दुल्हन जब पवित्र अग्नि को साक्षी मान फेरे ले रही थी, तो उसे प्रतीत हुआ कि मानो चांद भी चक्कर लगा रहा है उसके इर्द गिर्द।

ऐसा लगा कि कन्या दान के समय चांद की भी आंखें भर आईं। अब चांद भी साथ निभायेगा उसके जीवन के उतार चढ़ाव में और सुरक्षित रखेगा उसकी ऊर्जा को अपनी शीतल चांदनी में भरकर।

चांद नहीं उस दिन सोया

चांद नहीं उस दिन सोया
मान लिया जब तुमको अपना
जिस दिन तुझमें खुद को खोया
चांद नहीं उस दिन सोया

मेंहदी की भीनी सुगंध से
नरम हाथ गहराए थे
रिश्ता है ये सात जनम का
चंदा संग रचाये थे
गांठ बंधी थी नए सिरे में
बाबुल का आंगन रोया
चांद नहीं उस दिन सोया

पावन अग्नि के प्रताप में
हाथ जोड़ कर नमन किया था
साथ निभाने का आजीवन
मांग सजाकर लगन किया था
चंदन हल्दी रंगोली में
नई वधू ने पांव भिगोया
चांद नहीं उस दिन सोया

कांधे पर सर रखकर तेरे
गुज़रा लम्हा बीते साल
दर्पण में सपनों के पलछिन
माथे पर सिंदूरी लाल

इन सपनों की वरमाला को
चंदा ने दिन रात पिरोया
चांद नहीं उस दिन सोया

आंगन किलकारी से महका
नन्हीं अठखेली से चहका
पूर्ण हुआ जननी का जीवन
ममता का संसार संजोया
चांद नहीं उस दिन सोया

आज रात चंदा प्रतीक है
तेरे मेरे बंधन का
साल गए पर बीता ना ये
नव्य वधू अभिनंदन सा
इस रिश्ते की वरमाला को
हरे रंग के साथ संजोया
जल चंदा को अर्पित करके
प्रेम रंग में चांद भिगोया
चांद नहीं उस दिन सोया

चिरआयु ये चंदा जगता
रातें इसकी व्यसक नहीं हैं
चांदी जैसी किरणें उज्ज्वल
मदमाती सी चमक वही है
नमकी कर देता हर रिश्ता
अपनों को अपनों में बोया
चांद नहीं उस दिन सोया

You Are A Woman

This poem is a beacon of hope and inspiration for women who feel defeated, rejected, and burdened by the injustices of gender inequality, rape, child marriage, dowry, and countless other struggles.

Despite these challenges, women must not bow to despair or accept rejection as their fate.

God created us as warriors, endowed with boundless courage and unwavering confidence.

Our voices, our freedom, and our spirit cannot be silenced.

ये कविता उन महिलाओं को समर्पित है जो यातना और शोषण का शिकार रही हैं। बलात्कार, सामाजिक हिंसा, बाल विवाह, दहेज जैसे जघन्य अपराध उनके साथ घटित हुए हैं।

ये कविता प्रेरणा बनना चाहती है उन महिलाओं के लिए जिनका अस्तित्व डगमगाया है मगर कमज़ोर नहीं हैं वो!

चुप रहती हैं, इसलिए नहीं की दहाड़ नहीं सकतीं, इसलिये क्यूंकि बनाया है ईश्वर ने उन्हें सहनशील और रचा है उनको सभ्यता और साधना के सांचे में। जब अंतहीन शक्ति का स्रोत हैं नारी तो निभा लेंगी अपना ही साथ साहस और निडरता से...

You Are A Woman

HUSH HUSH
They won't listen to the noise of your presence, your demeanor, valour, pride
They will criticize, ostracize, diminish, transgress, and annex your territory
CRUSH CRUSH
Your dreams are in prison; they will curb it in the dark dungeons and plunder it
Save them and nurse them gently in the sheaths of darkness; rekindle sheets of vision in them
RUSH RUSH
Save your soul, diffident and torn, horn the immortal, gather the elements
Evolve Fire, Water Seedlings, Air Them Hope, Float In Space, Germinate Mother Earth!
FLUSH FLUSH
The slippery sludge that clogs your spring-laden meadows
Exhale dark clouds enveloping your lungs
Inhale deep dignity, confidence and ambition
SHUSH SHUSH
The menace of uncertainty, fear and remorse
brew molten lava, melt frozen hearts, flow, swim
MUSH MUSH
The dome of egos parade through supercilious, enslave

falsehood and rise up to the applause of those who once hushed you
BLUSH BLUSH
You are made of roses popping out of thorns
You are unstained white lilies, blooming pious lotus, unhindered orchids, you are the sun in the sunflowers!
TRUST TRUST
In the one who holds the skies but keeps you grounded
You are his Eve so believe
He has made you His Trident, His Chakra, His Conch Shell, His Incarnation
You are Auspicious, Courageous, Audacious!!!!
YOU ARE A WOMAN!!

तू सोने की चमक दमक सी

A poor man falls hopelessly in love with a princess.

He laments, "Oh Princess, you are made of gold and glitter, while I am but dull, drab brass.

Your opulence and wealth dazzle me, and your beauty ensnares my heart.

I steal fleeting glances of you, nursing a fragile dream that lingers in my susceptible heart.

No matter the divide between us, I cannot stop loving you!"

एक फ़कीर को जब राजकुमारी से प्यार हो गया तो वो बोला, "तेरी सोने सी चमक चुंधियाती है मेरी तांबे सी हैसियत को। जला देती है मुझे कोयले सा तेरी उजली काया। ये कलंक लगा रहेगा तेरे पांव तले काले टीके सा, नहीं बन पाएगा कभी तेरे दमकते माथे पर चमकती बिंदिया।

शायद तकदीर में गरीबी है मगर दिल कभी गरीब होता है क्या?"

तू सोने की चमक दमक

तू सोने की चमक दमक सी
मैं पीतल का रंग लिए हूं
तेरी काया कंचन पावन
मैं तांबे का अंग लिए हूं

कितना भी मैं दूध नहाऊं
स्वेत नदी में मैं तर जाऊं
तिरस्कार है भद्र रहूंगा
मस्तक पर कलंक लिए हूं

तू सोने की चमक दमक सी
मैं पीतल का रंग लिए हूं

वीर हिमालय कांप रहा है
निर्मम दुख विलाप रहा है
ज्वारभाट हूं फट जाऊंगा
अंगारों की जंग लिए हूं

तू असीम है शून्य मेरा कद
बिंदिया तेरी चूम रहा नभ
मैं मिट्टी में जड़ पकड़े हूं
तू फूलों का संग लिए है

तू सोने की चमक दमक सी
मैं पीतल का रंग लिए हूं

डोर बंधी है पंख कटे हैं
उड़ जाता पर तार फंसे हैं
उलझ गए हैं धुन में तेरी
अरमां हैं पतंग लिए हैं
पींग भरूं तो गिर जायेंगे
आशाओं का अंत लिए हूं

तू सोने की चमक दमक सी
मैं पीतल का रंग लिए हूं

इंसा हूं अस्तित्व नहीं है
मेरा क्या व्यक्तित्व नहीं है?
तन पहने मन उलझ गया है
तीखे ताने झुलस गया है
गर मिल जाए सूर्य किरण तो
भर मुट्ठी उमंग लिए हूं

तू सोने की चमक दमक सी
मैं पीतल का रंग लिए हूं
तेरी काया कंचन पावन
मैं तांबे का अंग लिए हूं

वो दिल ही नहीं

I once met a stranger who had never fallen in love, a peculiarly strange and unusual thing! How could a heart resist love? How could it remain untouched, never squashed, crumpled, or surrendered to another?

This baffling impossibility stirred something within me and inspired these words...

बातचीत के सिलसिलों में आकस्मिक ही मिला एक ऐसा इंसान जिसने कभी प्यार ही नहीं किया था, जिसका दिल कभी नहीं टूटा था, तब लगा प्रलय निश्चित है!

मन किया सांत्वना दूं उसे, जताऊं, 'कि ये इश्क का दरिया है, डूब के जाना है।'

परत दर परत पलट कर देखूं उस अंजाने को और सींच दूं उसके मन की बंजर ज़मीन।

छलका दूं नीरस पर इस कविता से महकता इत्र...

वो दिल ही नहीं

जो कभी टूट के बिखरा ना हो
वो दिल ही नहीं
जो समंदर में ना डूबा तो
वो साहिल ही नहीं
जिसकी आंखों से कभी
अश्क का दरिया ना बहा
जिसके होठों ने कभी
बेज़ुबाँ दिल को ना कहा
ऐसा बेज़ार ग़मे इश्क़ के
काबिल ही नहीं
रूठी तबियत रश्के रंजिश उसे
हासिल ही नहीं
जो कभी टूट के बिखरा ना हो
वो दिल ही नहीं

क्या वो इंसा जो कभी
मोम सा पिघला ना हो
है कोई शख़्स कहीं
प्यार में पगला ना हो?
जिसकी सांसों ने कभी
रुक के उसे ये ना कहा
उसी के साथ चलूंगी नहीं तो
करदे विदा

जिसका पत्थर सा हो सीना
जिसका बंजर सा हो जीना
जिसकी धड़कन में जवां जोश की
हलचल ही नहीं
ऐसा बेज़ार दीवाना जिसकी
मंजिल ही नहीं
ऐसा फीका सा फसाना जिसकी
महफिल ही नहीं
जो कभी टूट के बिखरा ना हो
वो दिल ही नहीं
जो समंदर में ना डूबा तो
वो साहिल ही नहीं

SOMEONE

They say the first love lasts forever! It clings to the depths of our being, a melodrama where 'happily ever after' feels like the only acceptable ending.

It was her final year of college, and her first love was leaving, this time, never to return.

A tempest raged in her heart, screaming for release, desperate to declare that she was madly, hopelessly consumed by love for him.

Whatever the outcome, she couldn't let this final moment slip away. She would bare her torn and fragile heart to the one who had become inseparable, undeniable– her first love.

पहला प्यार कैसे भुला सकता है कोई?

वो हमेशा रहता है हमारे मन में उतार चढ़ाव, उथल-पुथल लिए। फिर भी हर कोई उसको जीना चाहता है।

ऐसी ही कहानी है इस कविता में।

परीक्षा का समय नज़दीक था, कालेज का अंतिम दिन और अब कभी वापस नहीं आएगा वो।

संभाले बैठी थी इस तूफ़ान को बरसों से सीने में, कहे तो कैसे?

मन का उफ़ान आज नहीं थमेगा और फूट जाएगा ये ज्वालामुखी...

SOMEONE

There is someone I'm frozen in
There is someone I keep
My limbs go weak
my crimson cheeks
I burn I smile I weep
I feel myself under his gaze.
my wits scattered, jumbled, displaced
His whispers make me halt and rest
In jingle bells I sleep
Oh! I'm in love with emerald eyes
so nude, so pure, so clean
They lead me to an astral calm
boundlessness I breathe

Now people say that love is blind
frenzy hearts waste of time
and young ones go astray
But I see a silver line in clouds
Is love not a shining ray?
which bring high tides in somber sea
Ah! I am swept away
So let me choke in rain-filled clouds
Someday they'll burst in tears
Let me hang on to the thread of hope
Brave hearts have no fear

But

Before you leave. just let me breathe

an aching throb you seep

I'll reap it in my moistened eyes

as long as I will live

as long as I will live!

एक अधूरा सा ख़्वाब

She woke with a start, the fragments of an incomplete dream still clinging to her. That feeling, incomplete yet persistent, became a part of her; an invisible thread she wore day and night, never fading, never fraying.

It dawned on her that this was her phantom limb, unreal yet undeniably sweet.

Its steady pulse coursed through her, filling the void and, paradoxically, making her feel whole.

ये कविता है उस अधूरे ख़्वाब की जो पूरा नहीं होना चाहता, जो डूबा रहना चाहता है, मीठी सी प्यार भरी उलझन में। दिन के चारों पहर सुस्ताना चाहता है एक ही विचार में, जो अधूरा होके भी पूरा है....

एक अधूरा सा ख़्वाब

इक अधूरा सा ख़्वाब छुके मुझे यूं गुज़रा
जैसे चंदा से कोई रात चुरा लेता हो
नींद टूटी मगर सुस्ती में रहा सारा दिन
जैसे उसका अधूरापन ही मज़ा देता हो

रात चुपचाप से वो यूं ही चला आता था
अब तो खुलती हुई सुबह में भी वो होता है
सर्द मौसम की गुनगुनी सी दुपहरी में भी
बेवजह बहाने से कोई सोता है
ऐसे उसका अधूरापन मज़ा देता है

ना ही मांगा तुझे ना ही गुज़ारिश की थी
ना ही अनजाने में दिल ने ख़्वाहिश की थी
फिर भी परियों के किसी देश में जादू जड़कर
कोई शहज़ादा बन संवर के सजा होता है
ऐसे उसका अधूरापन मज़ा देता है

उसका एहसास हर जगह समाया रहता
उसका अंदाज़ ज़ुबां पे है छाया रहता
ऐसे गुम हैं कि मंदिर में भी पूजा उसकी
जैसे मस्जिद में भी ईमान कोई खोता है
ऐसे उसका अधूरापन मज़ा देता है

वो तिलस्मी मेरे ख़्वाब में रह जाएगा
मन के जज़्बात सा वो हाथ नहीं आएगा
दिन के चारों पहर फिर भी उसी की दस्तक है
जिस्म खोते हैं सभी रूह कोई खोता है
ऐसे उसका अधूरापन मज़ा देता है

Learn To Love Again

This poem was born during the chaos of the COVID-19 pandemic, a time when the year 2020 felt mercilessly tyrannical.

The pandemic unapologetically claimed millions of lives, while uncontained wildfires, locust invasions, earthquakes, cyclones, and hurricanes wreaked havoc across the world.

It felt as though the end was near.

These calamities were, without doubt, the catastrophic consequences of our unethical behavior, our relentless exploitation of nature that turned its once gentle innocence into fierce wrath.

But did we learn our lesson? Did we pause to reflect and change?

शोक में डूबा 2020, जहां कोविड की महामारी से हर परिवार ने खोया था एक ना एक सदस्य।

दुनिया अभी कोविड की चपेट से जूझ ही रही थी कि आसमान ने टिड्डों की बारिश कर दी। बर्बाद हो गए किसानों के खेत खलिहान। जंगल की आग, तूफान, भूकंप ने दहला दिया जीवन।

ये हमारे ही कर्मों का फल था।

हमने बिगाड़ा था प्रकृति के संतुलन को। उत्पादन बढ़ाने के लिए हमने किया था प्राकृतिक संसाधनों का शोषण, तो कैसे सहती हमारी प्रकृति?

अब प्रश्न ये है कि क्या हम सीखना चाहते हैं अपनी भूल से?

क्या हम बनाना चाहते हैं दुबारा अपना संपन्न संसार या कुचलते ही रहेंगे धरती माँ की सहनशीलता को?

क्या फिर से सीख पायेंगे हम अपनी ही सृष्टि से प्यार करना?

Learn To Love Again

Where breathing is elusive
Where virus lark untamed?
And words are sealed in clothing
Where sharing is contained
There can we stop, there can we pause?
And learn to love again

Where gusts and gales are ravenous
Where thunderstorms insane?
Where sparrows are extinct
Where woods in splintered flames
There can we stop, there can we pause?
And learn to love again

Where grounds shatter and wobble
Where uncouth humans reign
Where existence is homeless
Where dying is mundane
Where chemicals are liberated
Where toxins underlain
There can we stop, there can we pause?
And learn to love again

Let's not trade nature's worth
And save our precious earth
Let's pause and let's restrain
And learn to love again

Endless Pursuit

What is the ultimate truth? What is our purpose?

The perplexity of existence is endless. The cosmic rules are set for us.

Can we abide by the universe to seek what we are here for?

जो दिखता है वो चेहरा है, जो भीतर है वो गहरा है!

हम भटक जाते हैं चेहरों के पीछे जिनका आश्वासन उतना ही टिकता है जितना ये क्षणभंगुर रूप रंग।

क्या कभी तराशा है हमने अपने भीतर के चेहरे को?

सदभाव, ईमानदारी, मित्रत्व को जिसके लिए ईश्वर ने मुनष्य की रचना की?

Endless Pursuit

In a boundless bottomless sea
we sail to search for shore
no harness to tether
misery couldn't be more!

Sea is just an illusion
Indeed it is our life
engulfed in dubious pleasures
where nothing is for sure

Spider web of desires
weave us in a net
where faces are deceptive
feelings are impure

Where are you heading?
reverberate heavens
is that your destination of
treachery lustre lure?

We're born in shapes and sizes
with colors and designs
structured into body
unstructured is our soul

Spinning in a galaxy
with focused motive purpose
each one of us is starlight
polished or obscured

In a boundless bottomless sea
we sail to search for shore

❀ ❀ ❀